Inhaltsverzeichnis

nachspuren,
schreiben, malen

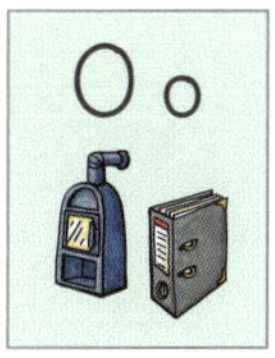

Lola

erkennen

hören

lesen

 Feld zum Markieren erledigter Aufgaben

L l

1

2

L/l nachspuren und schreiben   3

L l

 1

 Lineal

 Lampe

 Salami

 Wal

 Lama

 Melone

 Schal

 Telefon

2

L/l im Wort nachspuren; L/l schreiben

1

2

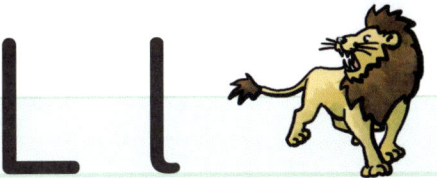

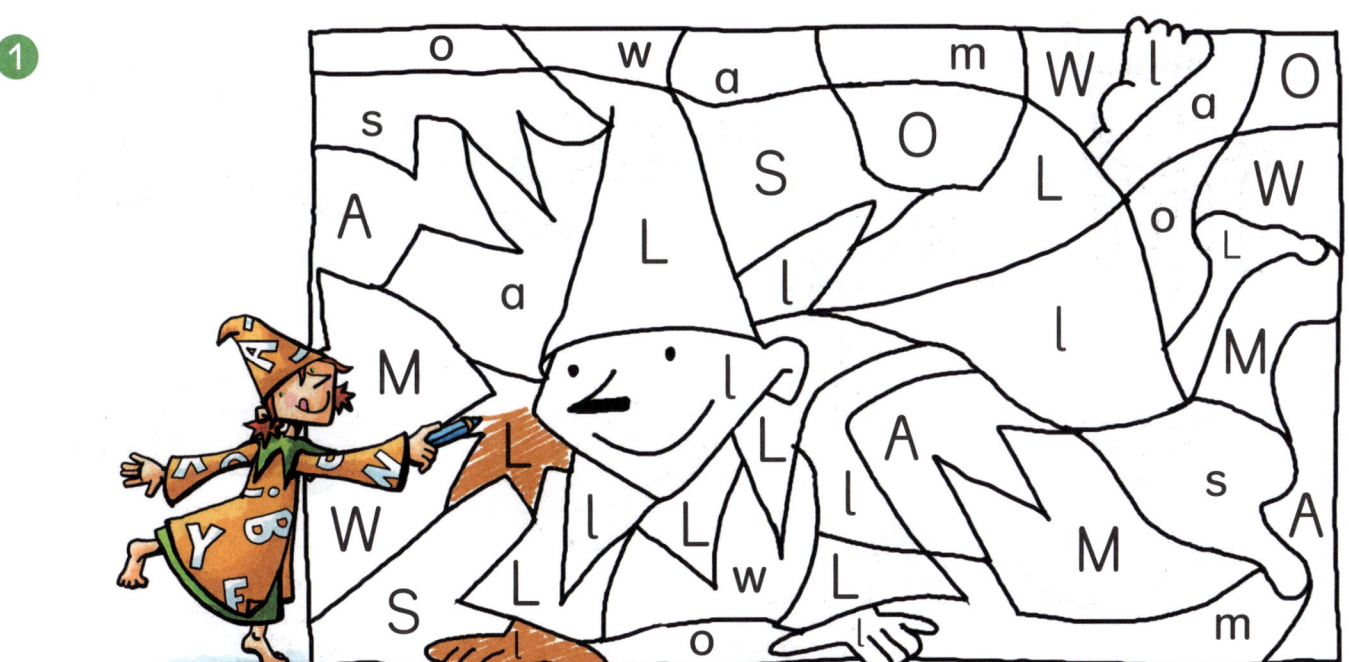

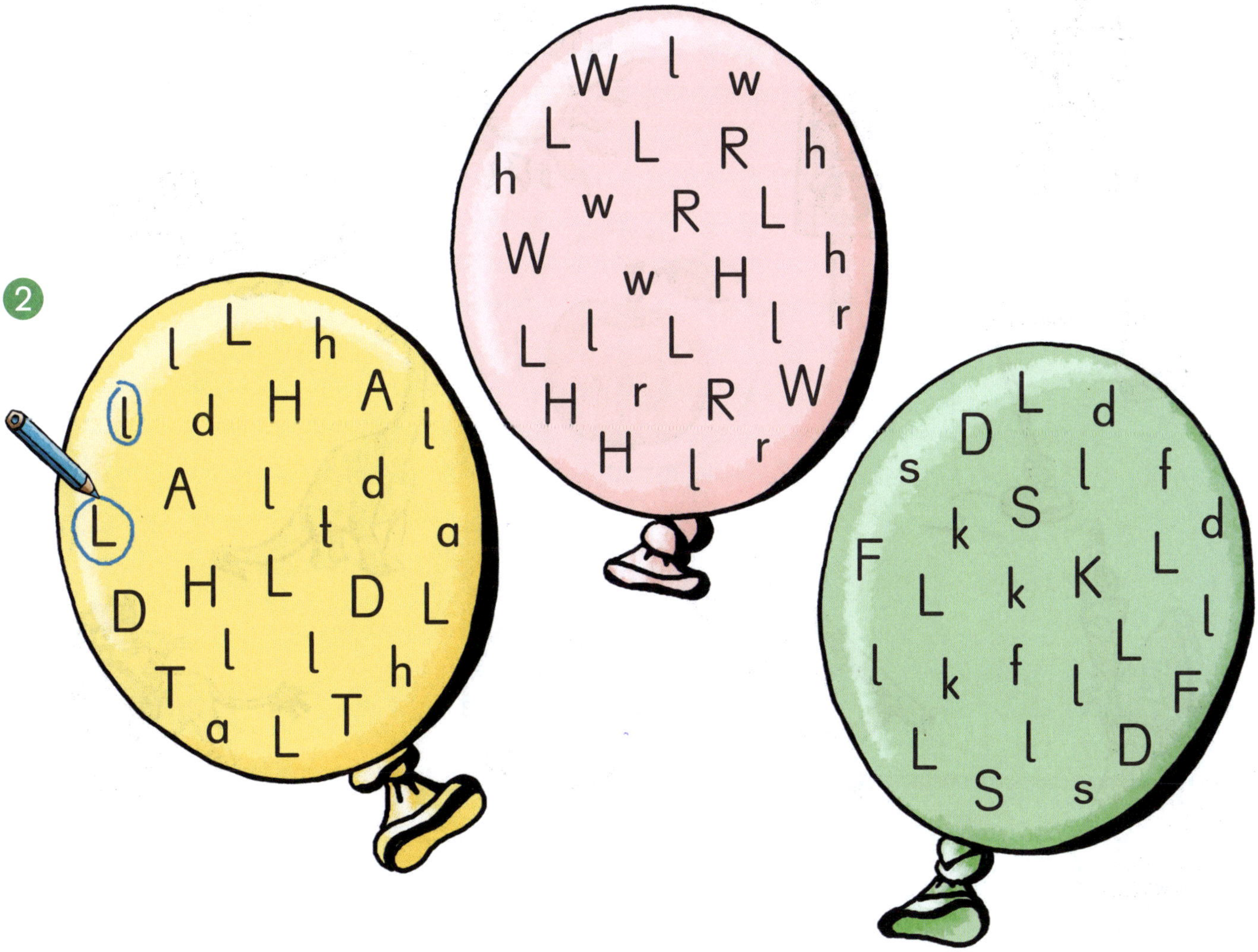

Felder mit L/l ausmalen; L/l einkreisen

L l

1

Bildwörter mit dem L/l-Laut einkreisen (Anlaut, Auslaut)

L l

L | L | | | | | | l |

1

1

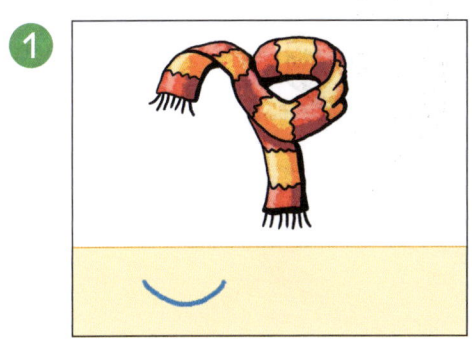

Silbenbögen einzeichnen

1

1

2

O/o nachspuren und schreiben

O o

1 Ofen · Dino · Sonne · Dose · Obst · Oma · Ordner · Auto · Tomate

2

1

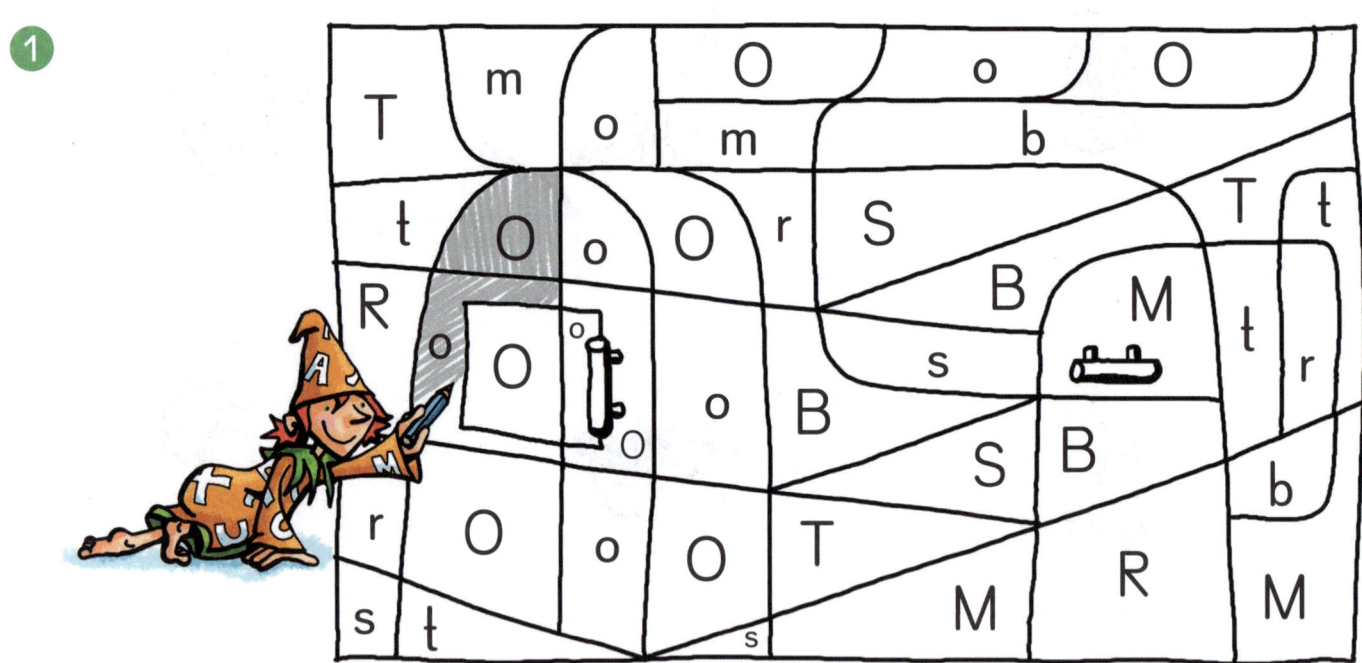

2

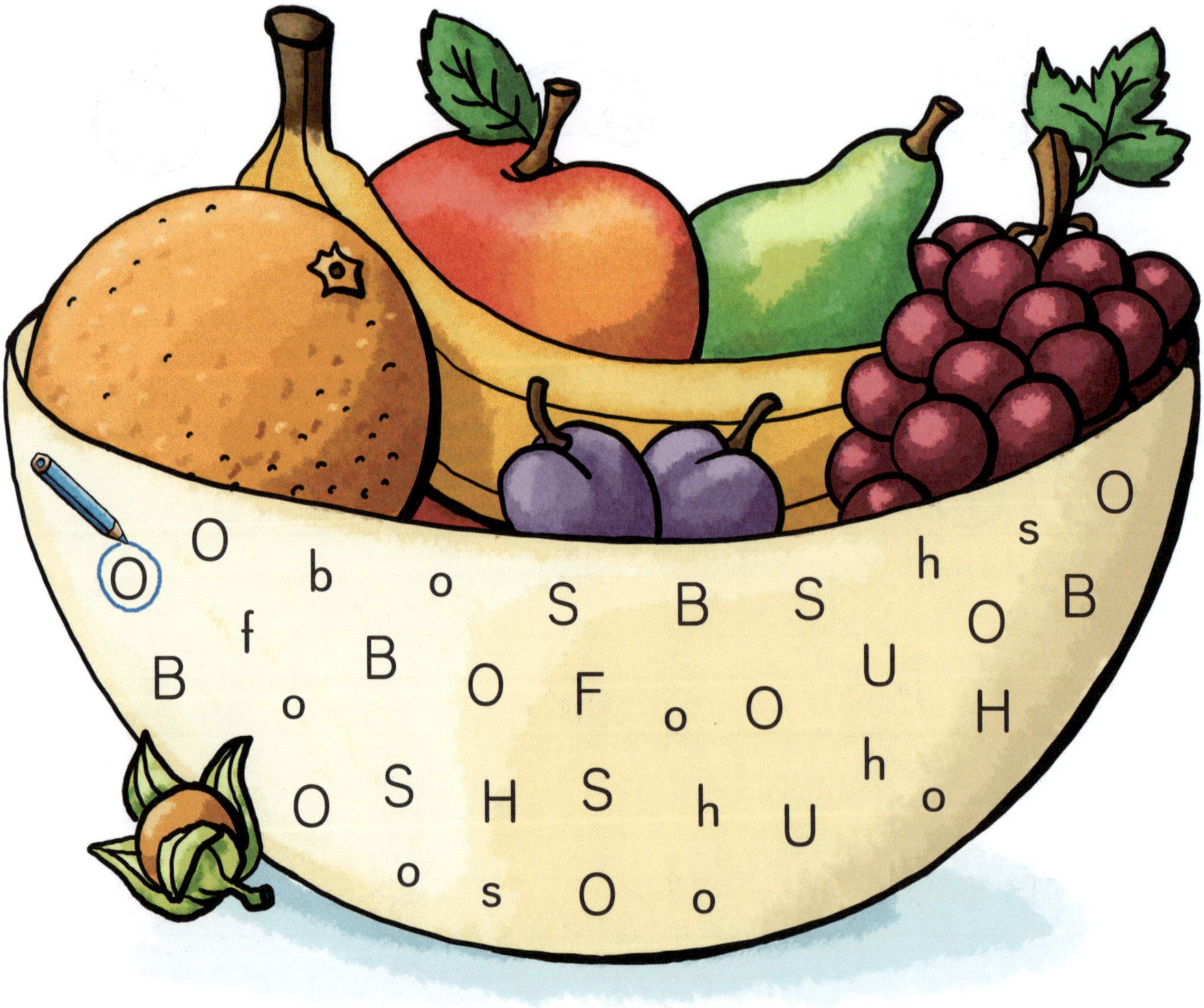

Felder mit O/o ausmalen; O/o einkreisen

1

2

Bildwörter mit dem O/o-Laut einkreisen (Langvokal, Kurzvokal)

1

O o

Stellung des O/o-Lautes abhören (Anlaut, Auslaut)

1

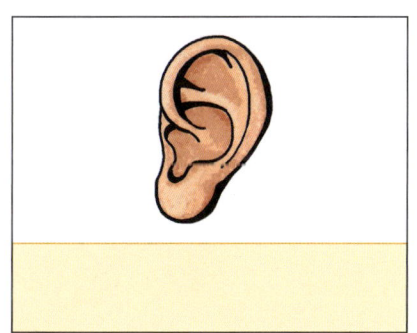

A a

1

A a

2 A a A a

A/a nachspuren und schreiben

A a

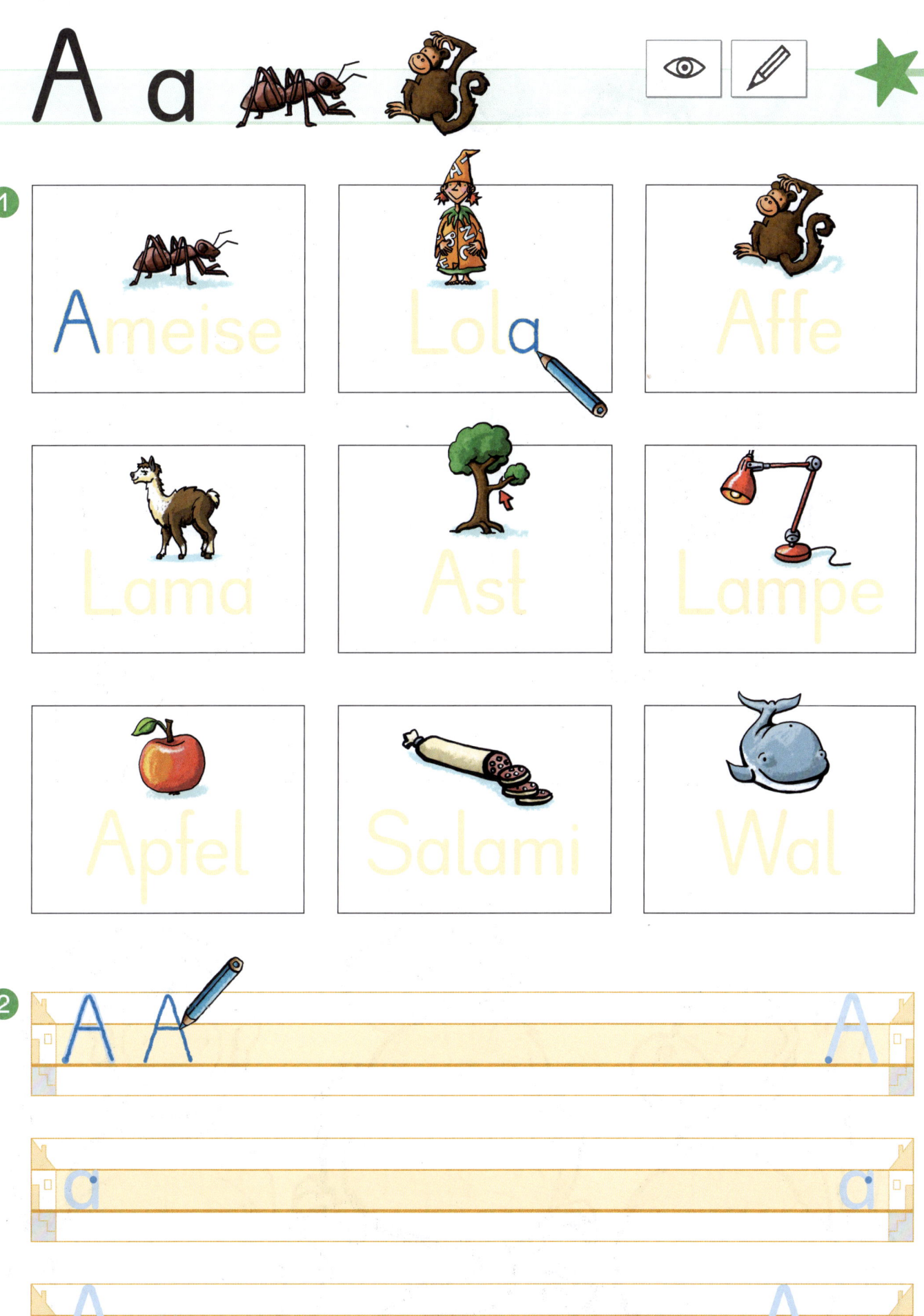

1

Ameise | Lola | Affe

Lama | Ast | Lampe

Apfel | Salami | Wal

2

A A A

a a

A a A a

A a

1

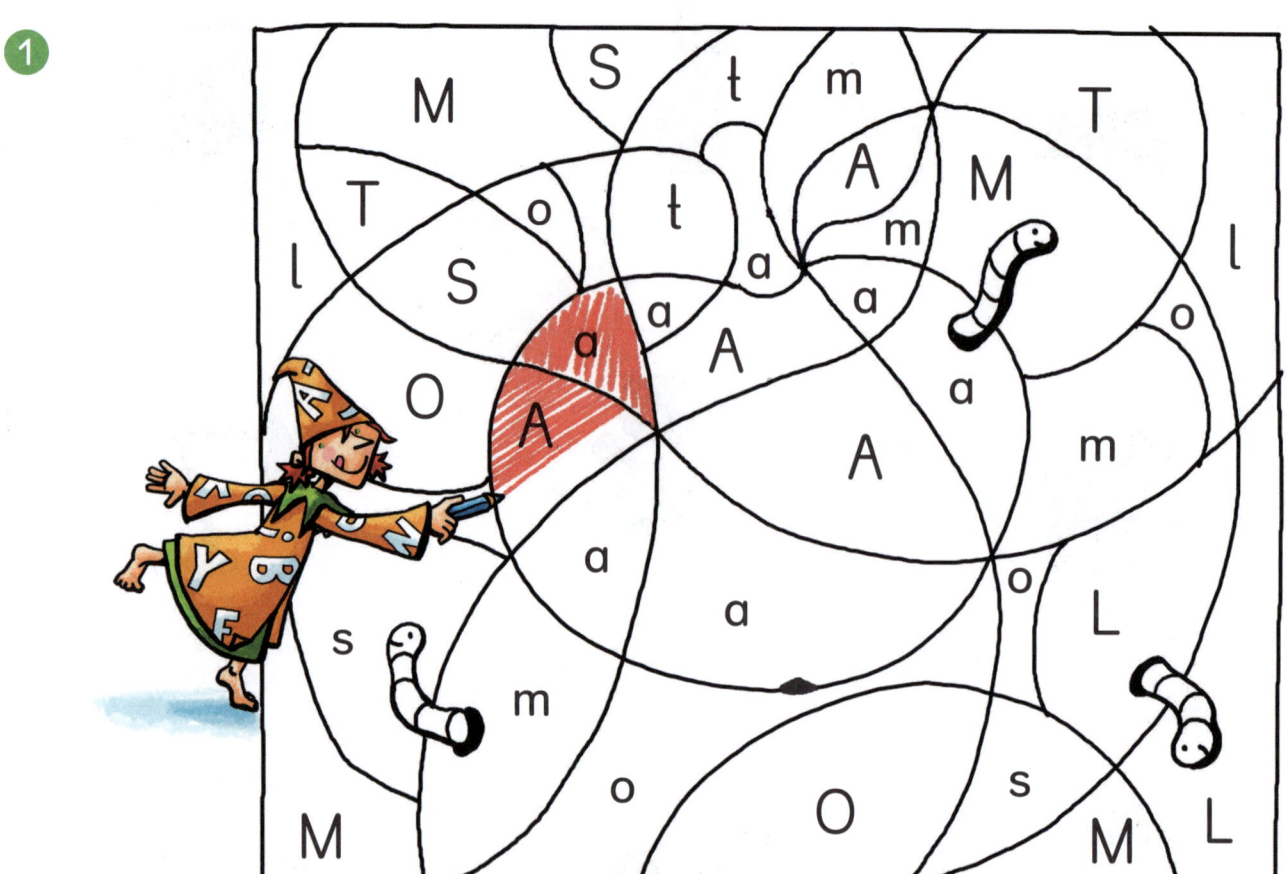

2

Felder mit A/a ausmalen; A/a einkreisen

A a

1

2

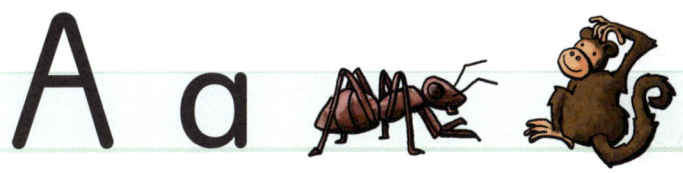

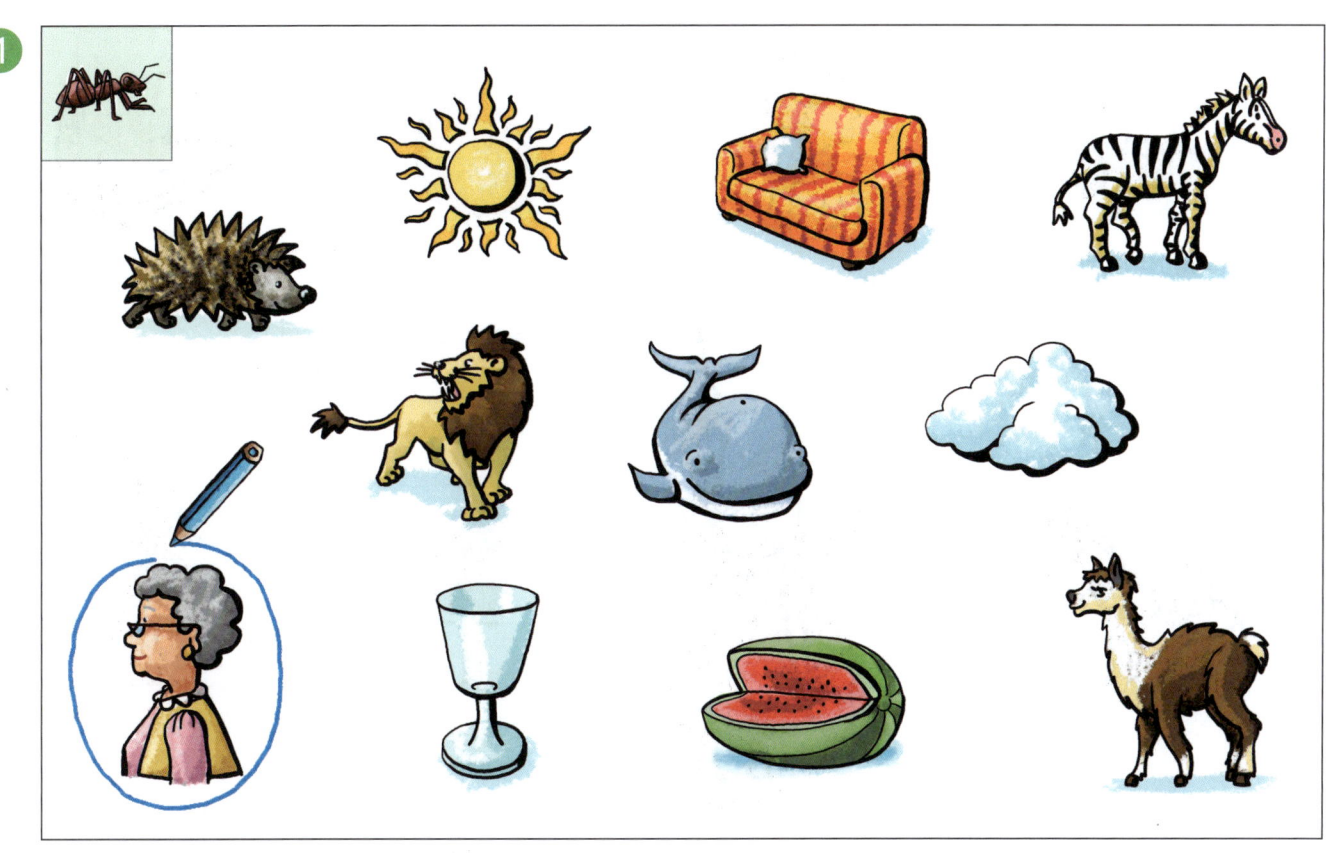

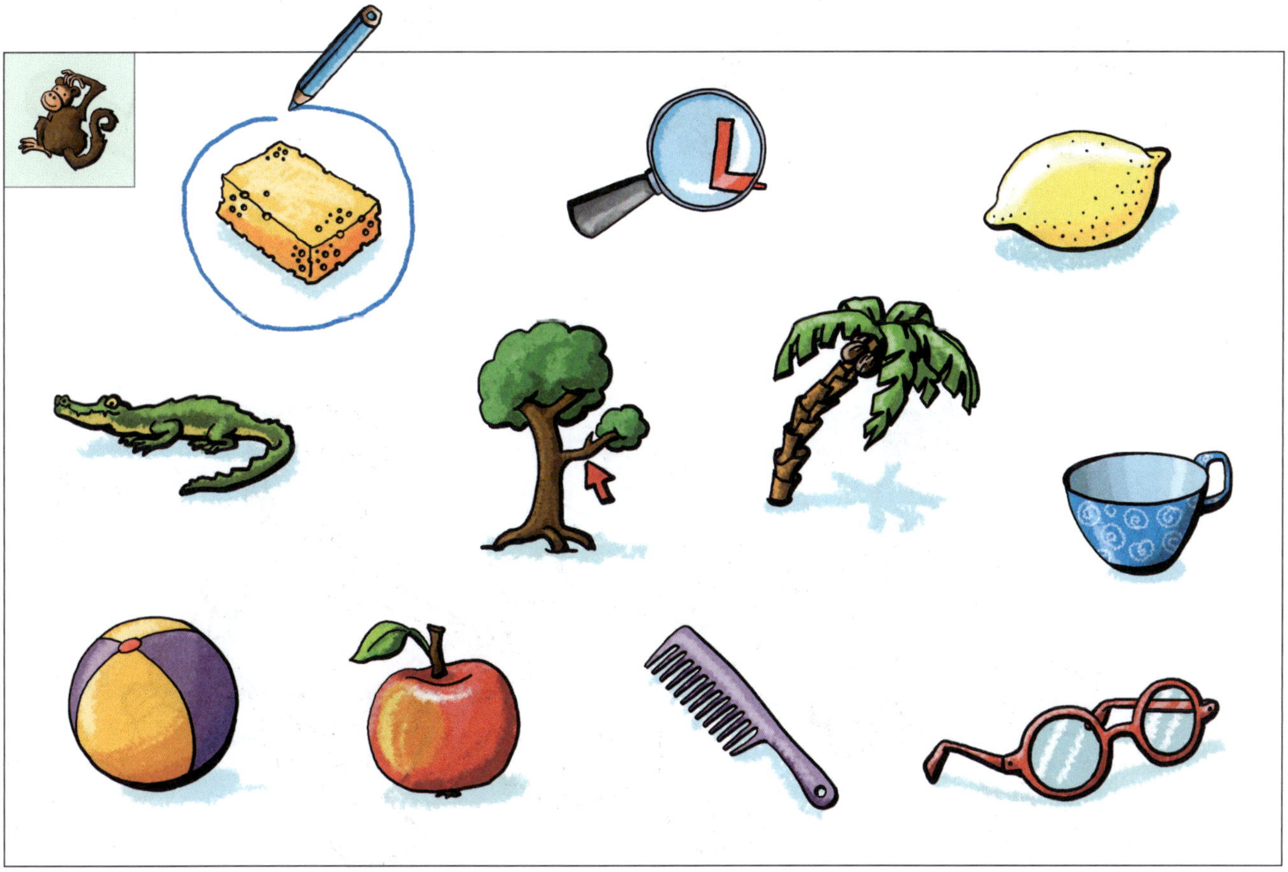

Bildwörter mit dem A/a-Laut einkreisen (Langvokal, Kurzvokal)

A a

1

A

a

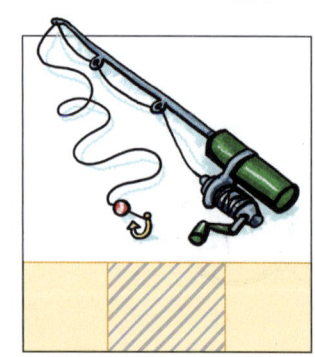

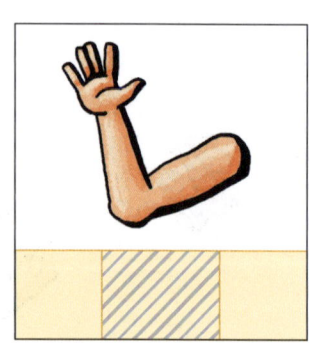

Stellung des A/a-Lautes abhören und notieren (Anlaut, Auslaut)

A a

A a

1

2

Silbenbögen einzeichnen; Reimwörter verbinden

M m

1

2

M m M m

M m

1

Mama

Oma

Mund

Mond

Kamm

Maus

Ameise

Melone

Tomate

2

M M M M

m m

M m M m

M/m im Wort nachspuren; M/m schreiben

1

f
G
M
m
m
A
a
i
G
l
m
m
M
M
M
A
m
M
F
r
A
m
M
M
R
M
M
f
M
A
l
m
i
g
m
m
g
A
R
a
r
r

2

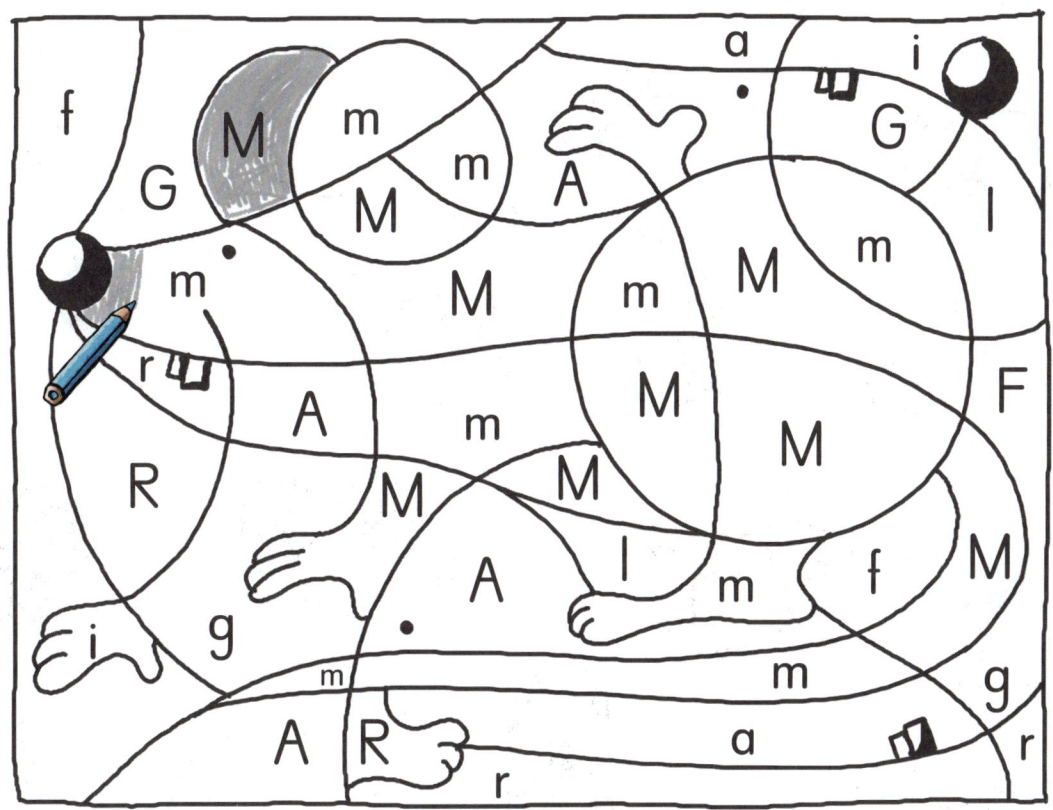

M m

1

2

M

 Bildwörter mit dem M/m-Laut einkreisen (Anlaut, Auslaut);
Stellung des M/m-Lautes abhören und notieren (Anlaut, Auslaut)

M m

 1

2

Silbenbögen einzeichnen; Reimwörter verbinden

M m

1

Mm M   Mm

Mama   Mama

Oma   Oma

Lama   Lama

Lola   Lola

mal   mal

am   am

2

Mama Mama Mama Mama Mama

Oma Oma Oma Oma Oma Oma

Lama Lama Lama Lama Lama

Lola Lola ...

            Buchstaben und Wörter nachspuren und abschreiben

M m

1

OMA | Oma

2

Ma		ma	Ma
Mo			

La		la	
Lo			

Lo		ma	
La			

Anlautbilder verschriften, Wort und Bild verbinden;
Silben verbinden

1

Mama am  ⊗

Lola am  ○

Mama am  ○

Oma am   ○

Oma am   ○

Lola am   ○

Lola am   ○

Lama am   ○

2

  Lola

passende Sätze ankreuzen; Bildwörter verschriften

l i

1

2

l/i nachspuren und schreiben

31

Imo

Limo

Igel

Birne

Zitrone

Lineal

Insel

Dino

Tiger

I/i im Wort nachspuren; I/i schreiben

1

A g f
m R
i i
i I I M
i F
I I I
I I i i I i
a f R F r
M G m g

2

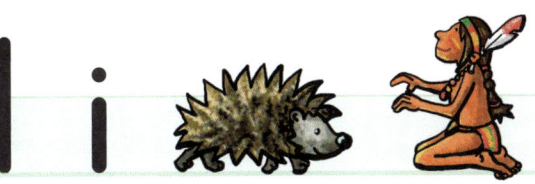

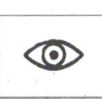

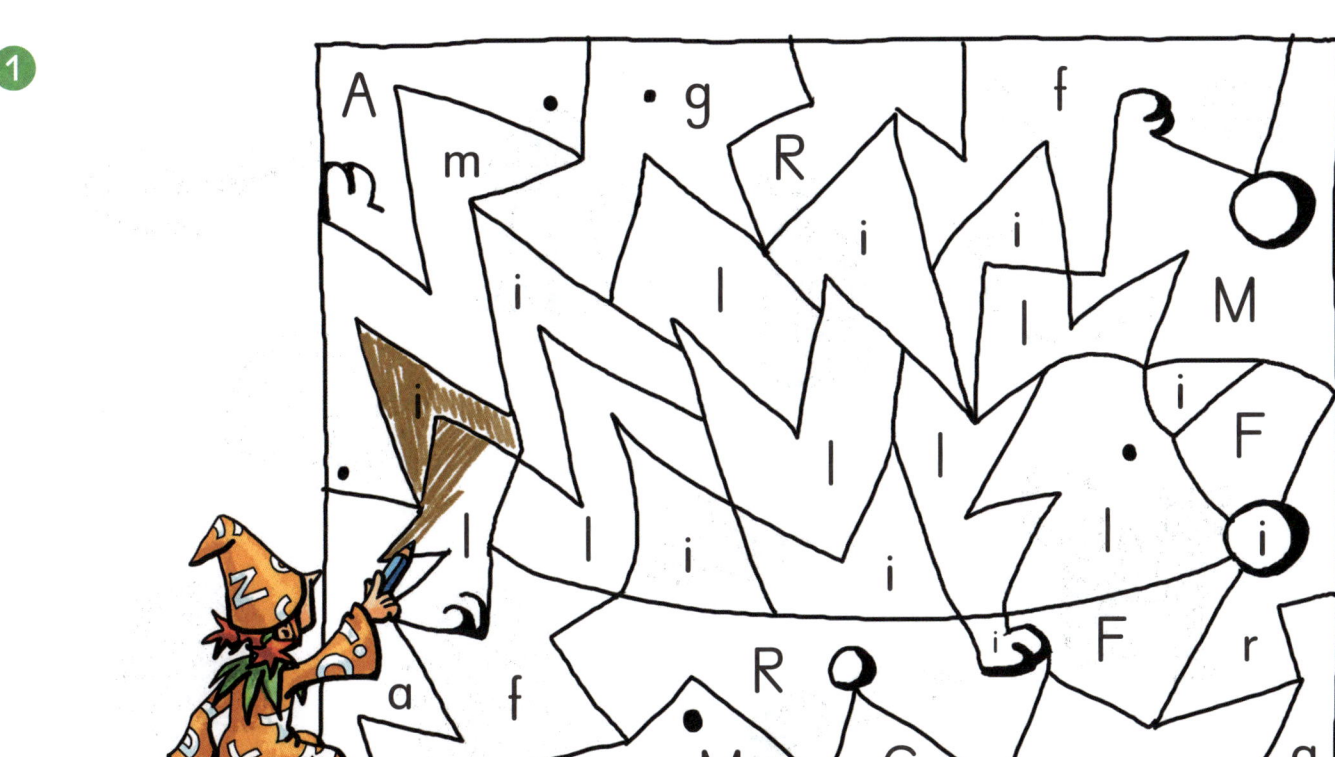

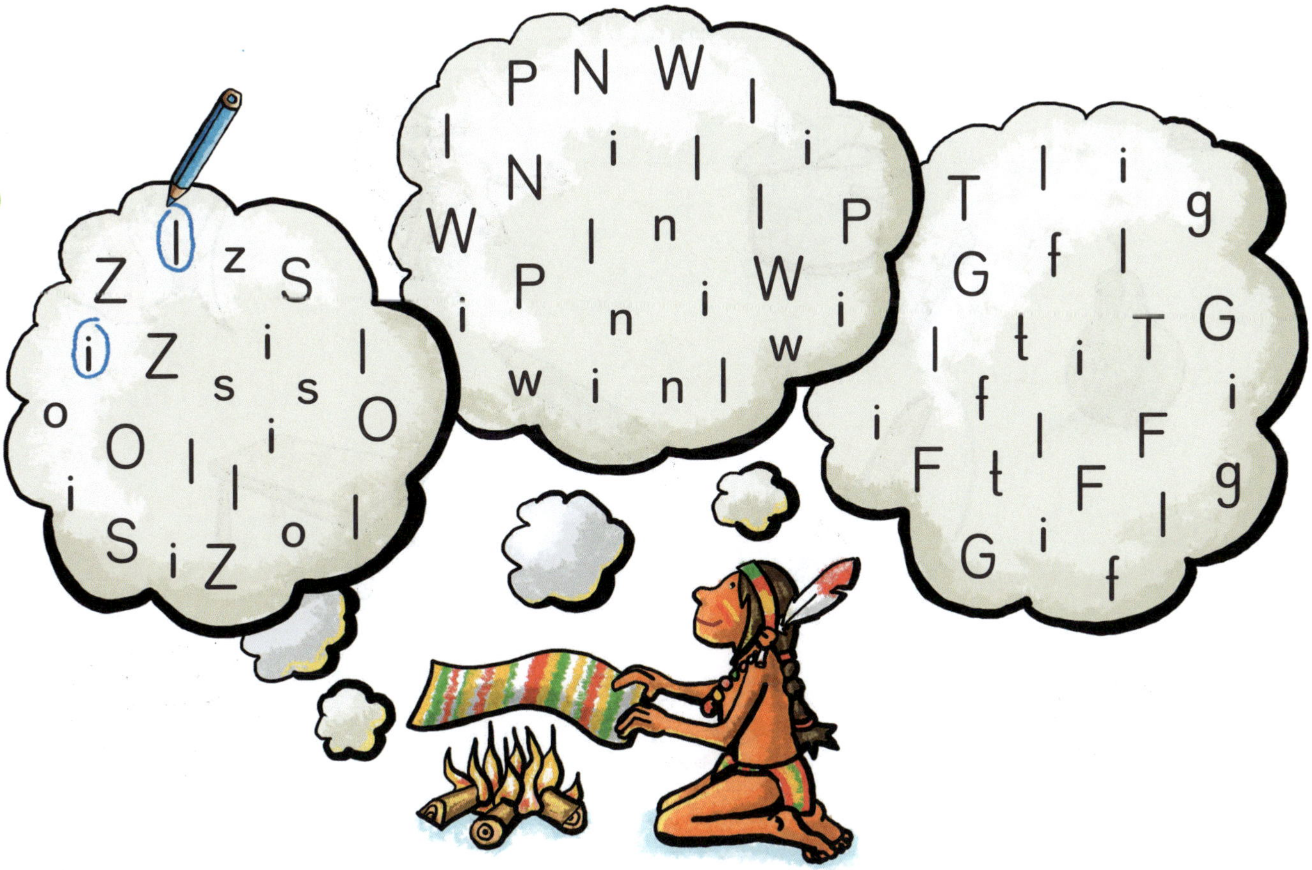
I z S Z i Z i I o s s O O I i i I S i Z o I
P N W I I i I i N W I n I P P i W i n w i w i n I
T I i g G f I I t i T G f i i I F F t F g G i I f

Bildwörter mit dem I/i-Laut einkreisen (Langvokal, Kurzvokal)

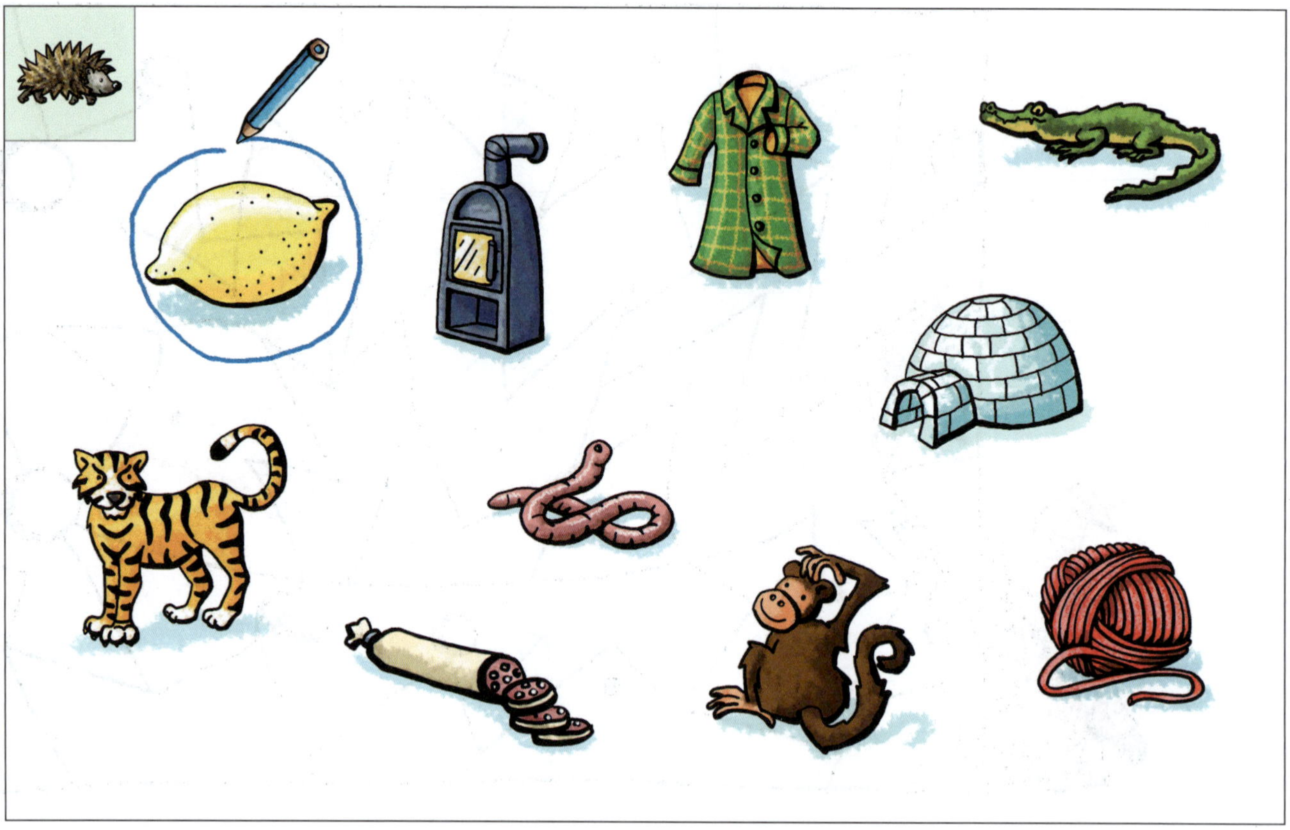

1

l

Stellung des I/i-Lautes abhören und notieren (Anlaut, Inlaut, Auslaut)

1

2

Silbenbögen einzeichnen; Reimwörter verbinden

l i

1

Ii   Ii

Mami   Mami

Omi   Omi

Imo   Imo

Limo   Limo

lila   lila

im   im

2

Mami Mami Mami Mami Mami
Omi Omi Omi Omi Omi Omi Omi
Imo Imo Imo Imo Imo Imo Imo Imo
Limo …

Buchstaben und Wörter nachspuren und abschreiben

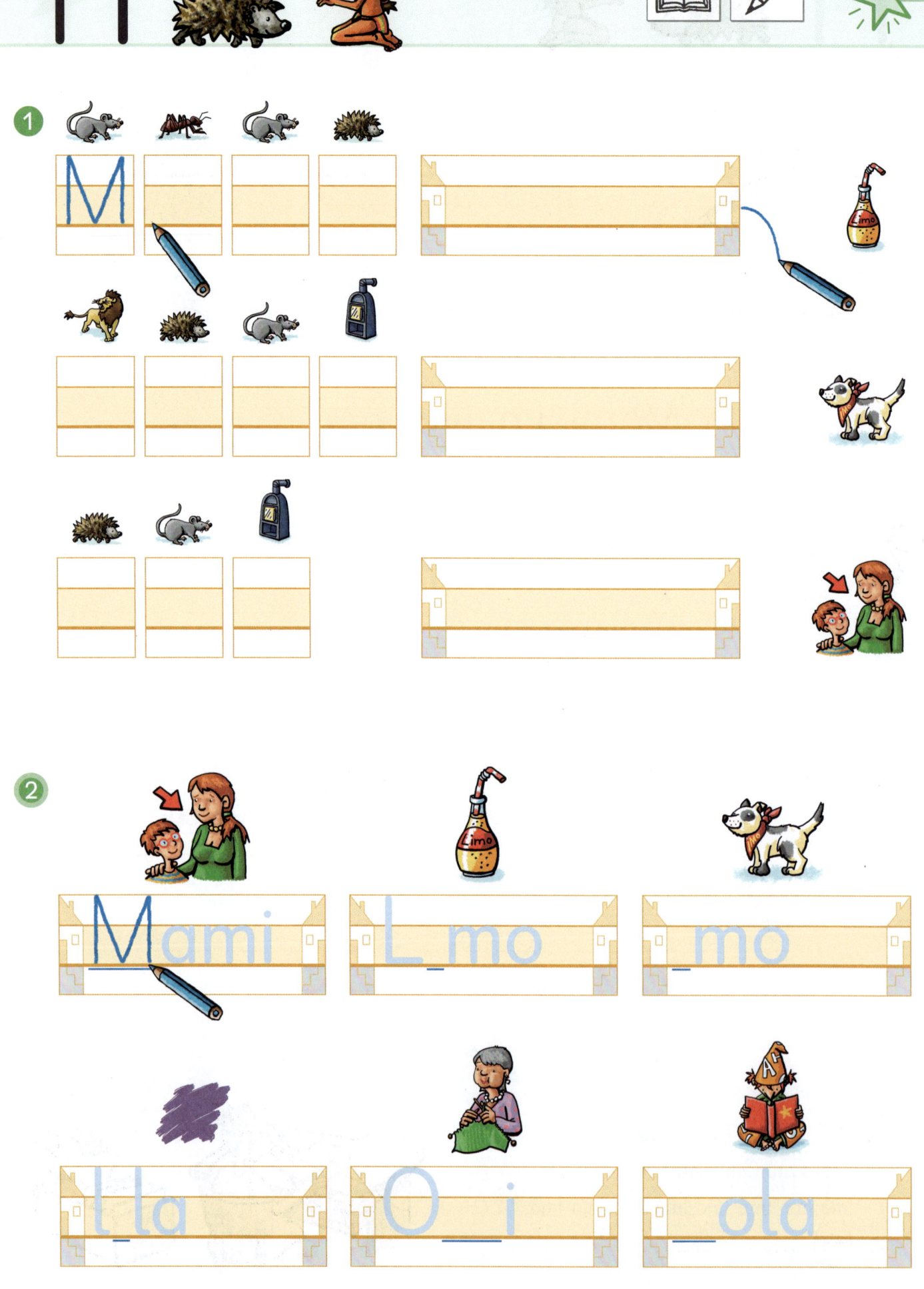

l i

1

M□□□

2

Mami   L_mo   _mo

_i_la   _O_i   _ola

Anlautbilder verschriften, Wort und Bild verbinden;
fehlende Buchstaben ergänzen

1

Imo im ◯
Imo am ◯

Lola am lila  ◯
Mami im lila  ◯

Omi im  ◯
Omi am  ◯

lila Limo am ◯
lila Limo im ◯

2

 Omi

passende Sätze ankreuzen; Bildwörter verschriften

S s

1

S S S S S

S S S

s s s

s S s

S S S S s

2

S s S s

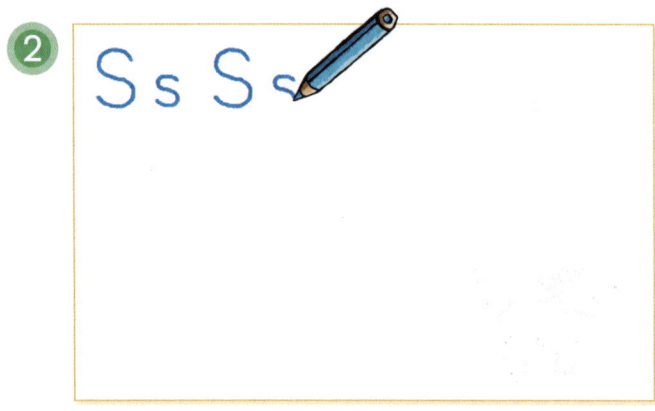

S/s nachspuren und schreiben

S s

1

Salami

Lisa

Sonne

Hase

Maus

Ameise

Pinsel

Sofa

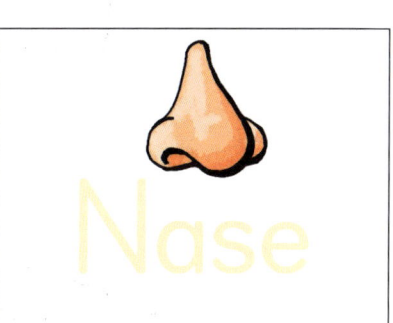

Nase

2

S   S

s   s

S s   S s

S/s im Wort nachspuren; S/s schreiben

41

S s

  Felder mit S/s ausmalen; S/s einkreisen

S s

1

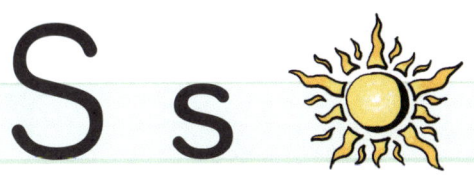

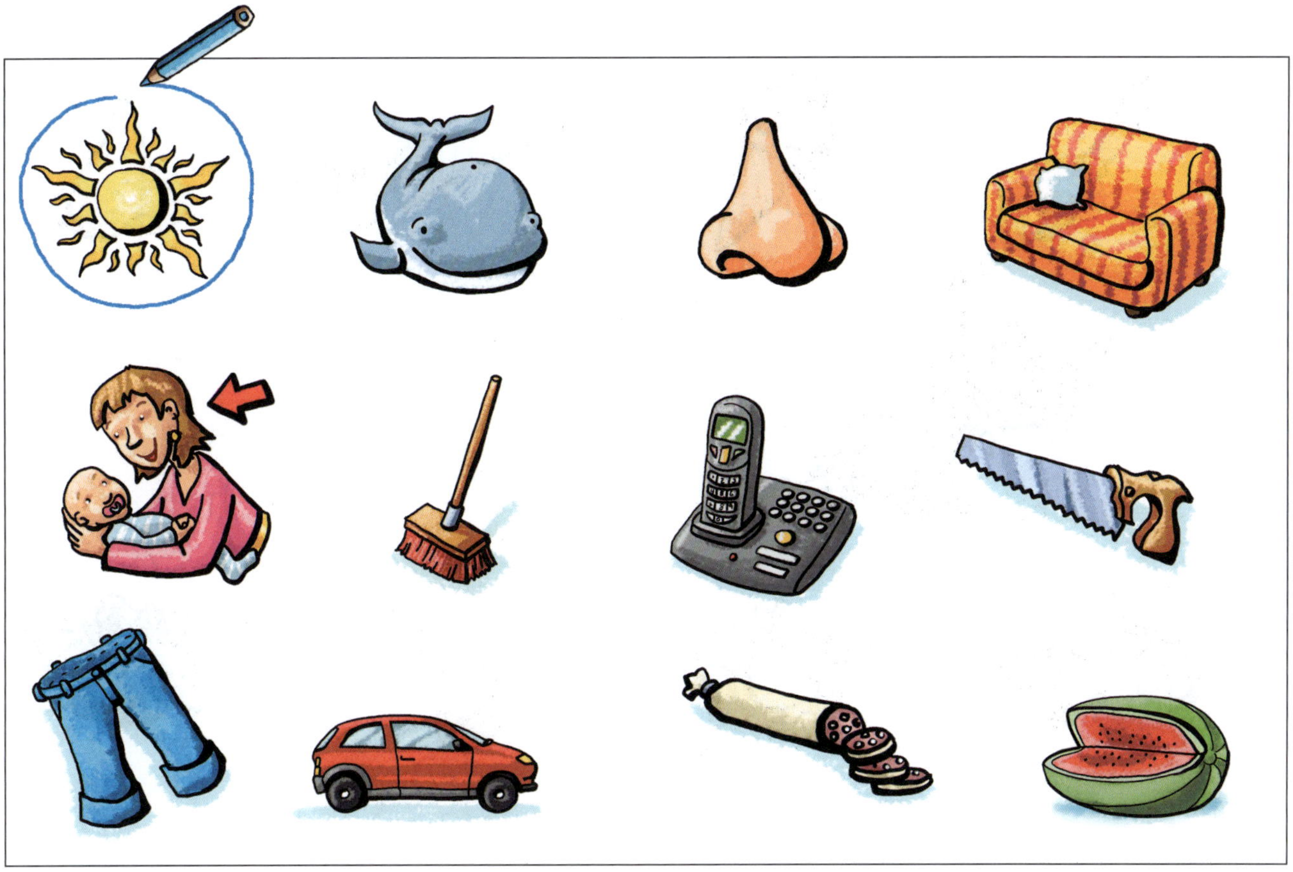

2

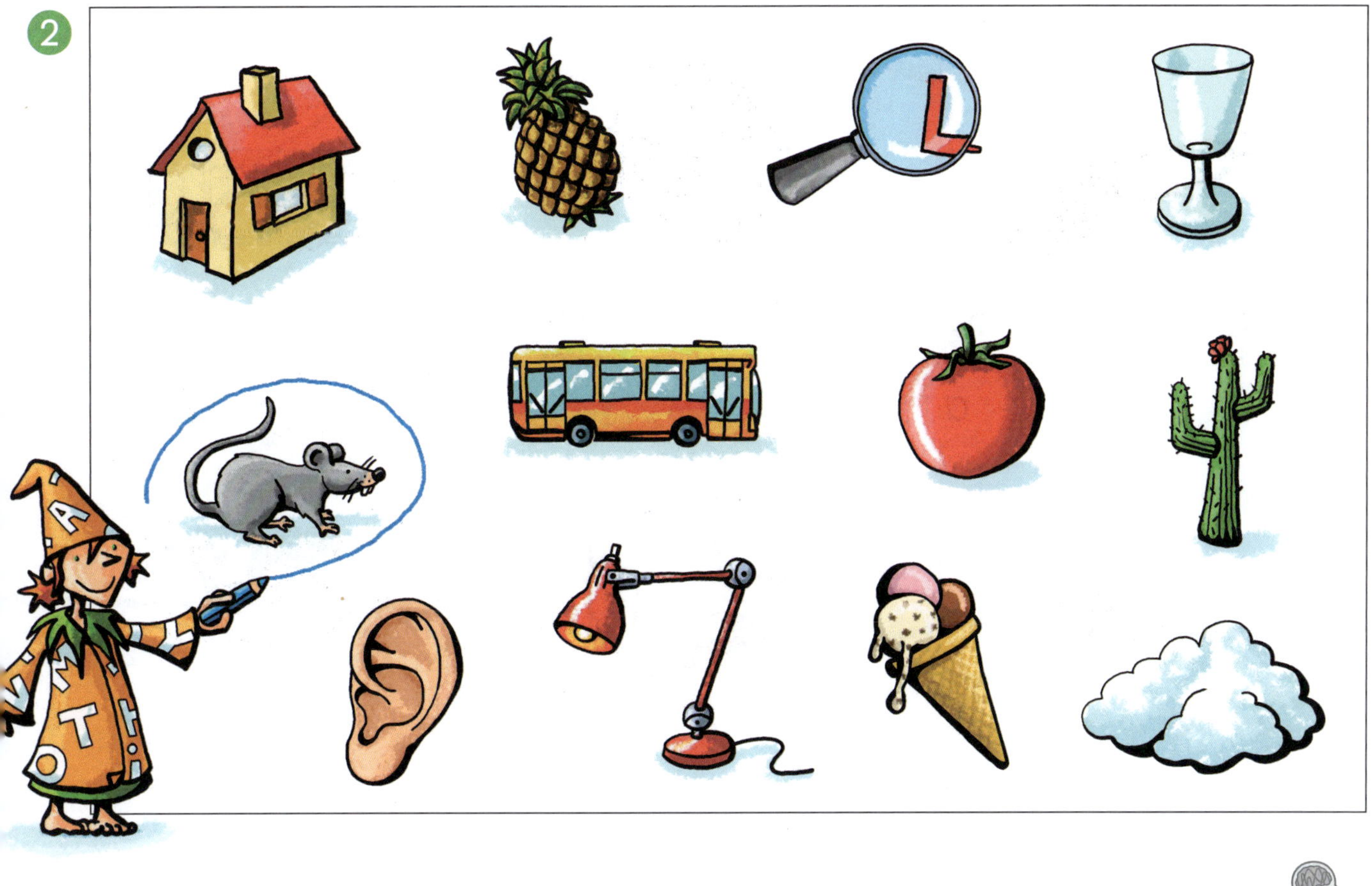

Bildwörter mit dem S/s-Laut einkreisen (stimmhaft, stimmlos)

S s

1

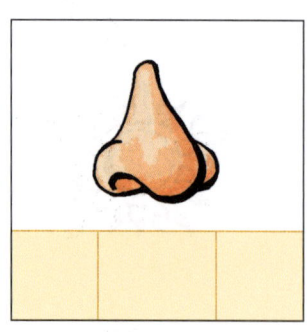

2

Stellung des S/s-Lautes abhören und notieren (Anlaut, Inlaut, Auslaut);
Silbenbögen einzeichnen

S s

1

S s S   S s

Salami   Salami

Lisa   Lisa

soll   soll

also   also

als   als

so   so

2

Salami Salami Salami Salami

Lisa Lisa Lisa Lisa Lisa Lisa Lisa

soll soll soll soll soll soll soll soll

also …

Lola

S s

1

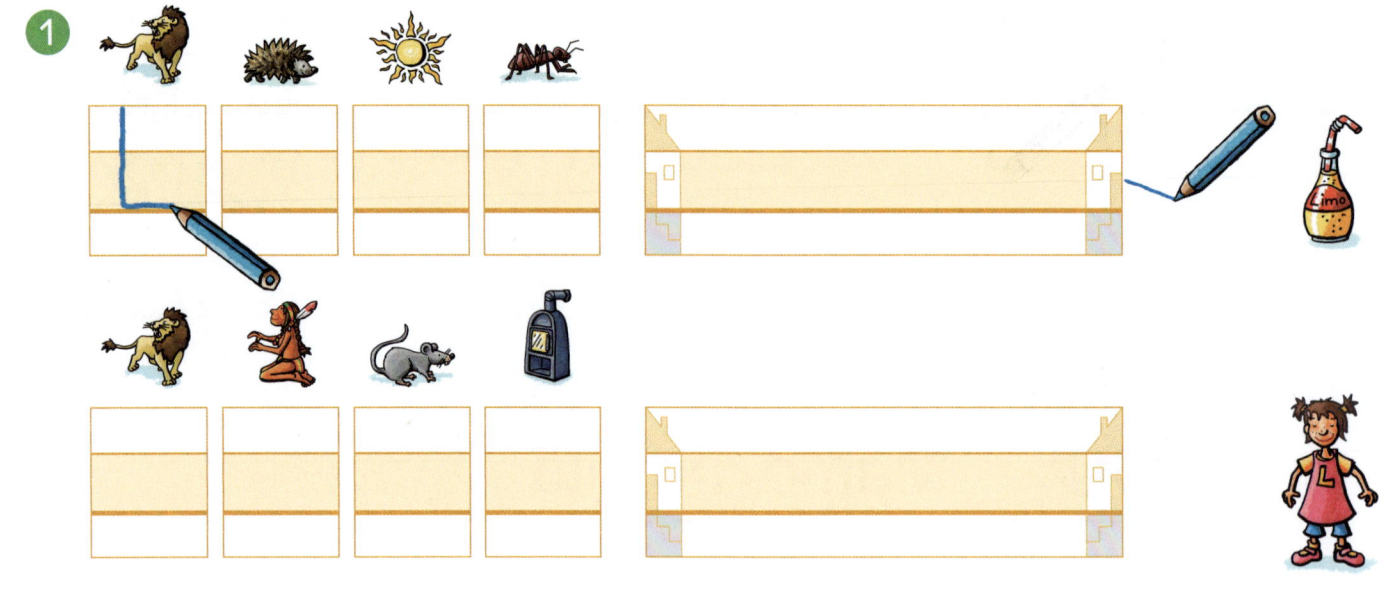

2

Ma		
Li	sa	
Mi		

Si		
La	mo	
Li		

So	la	
Sa	lo	mi
Sa	li	

Anlautbilder verschriften, Wort und Bild verbinden; Silben verbinden

1

Omi im  ◯

Lisa im ◯

Imo im lila ◯

Mama im lila  ◯

Oma im ◯

Oma am ◯

2

Los   __o   __alami

__i__a   __ __la   M__ma

T t

1

2

T T T

t t t

T/t nachspuren und schreiben

T t

1

Tal

Salat

Ast

Mantel

Tomate

Auto

Brot

Telefon

Tim

2

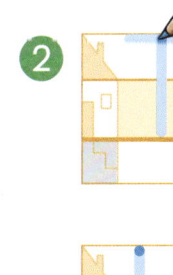

T/t im Wort nachspuren; T/t schreiben

T t

1

2

  Felder mit T/t ausmalen; T/t einkreisen

T t

1

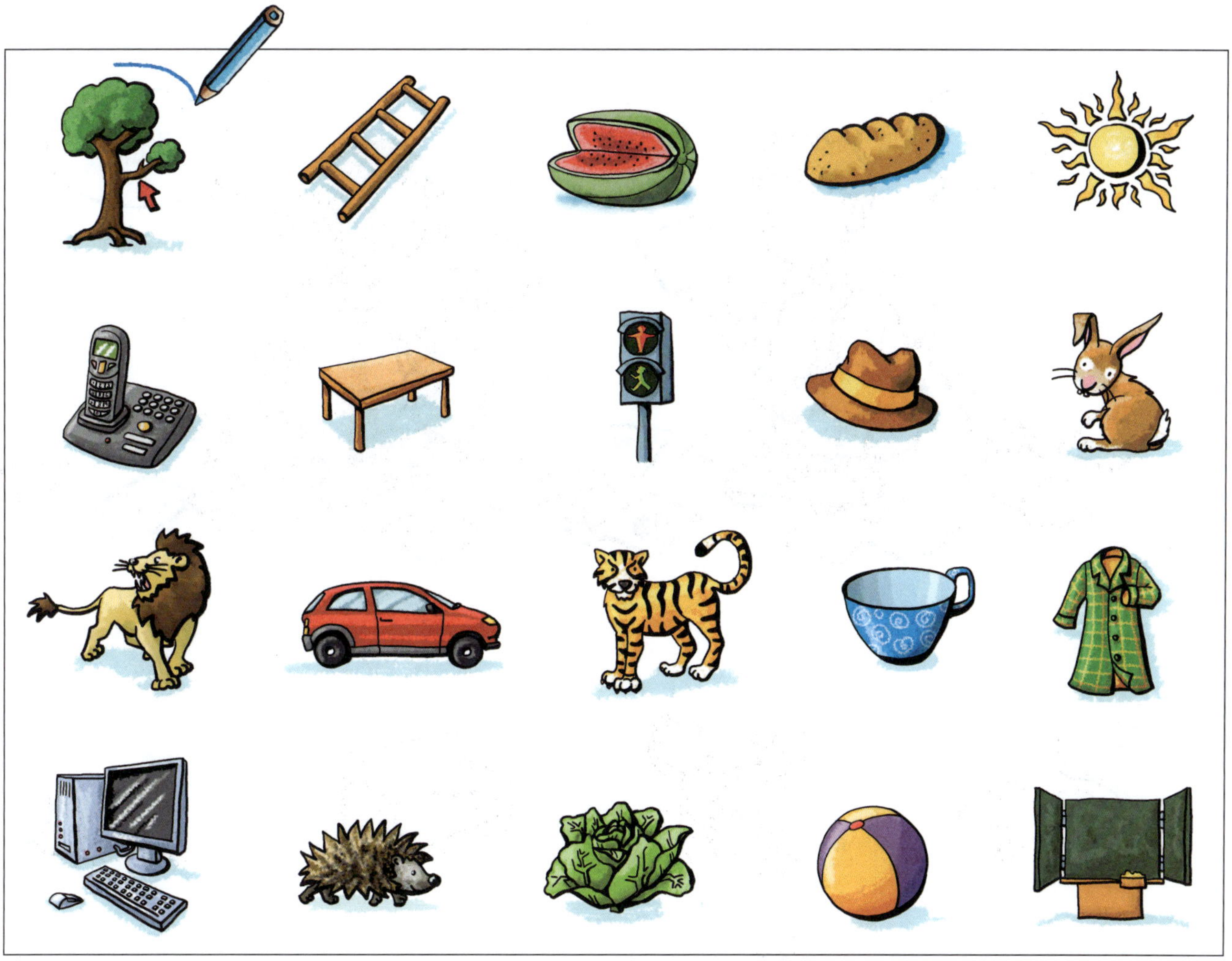

2

Bildwörter mit dem T/t-Laut einkreisen (Anlaut, Inlaut, Auslaut);
Stellung des T/t-Lautes abhören und notieren (Anlaut, Inlaut, Auslaut)

51

T t

1

M

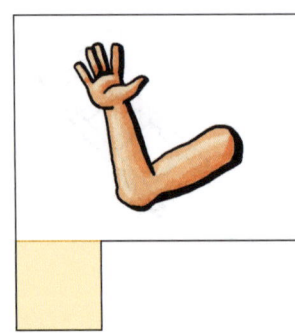

Anlaute L, O, A, M, I, S und T heraushören und notieren

T t

 1

 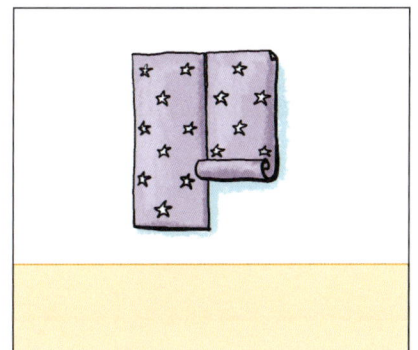 

 2

Limo

Mist

Salami

Ast

Salat

Tal

T t

1

T t T   Tt

Tal   Tal

Salat   Salat

Ast   Ast

mit   mit

ist   ist

alt   alt

2

Tal Tal Tal Tal Tal Tal Tal Tal Tal

Salat Salat Salat Salat Salat Salat

Ast Ast Ast Ast Ast Ast Ast Ast

mit ...

       Buchstaben und Wörter nachspuren und abschreiben

T t

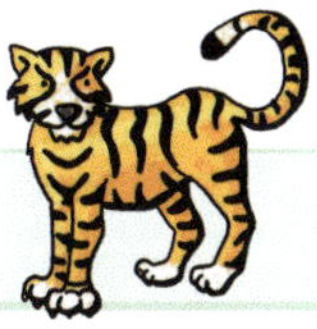

1

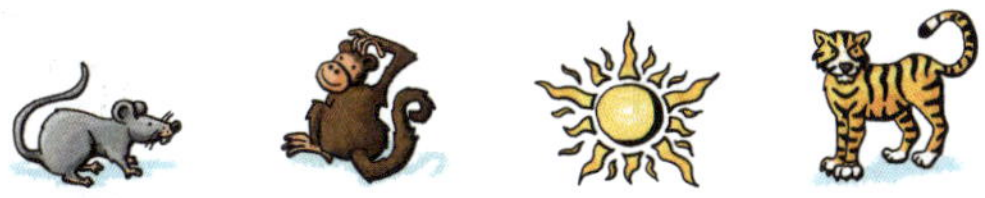

M _ _ _

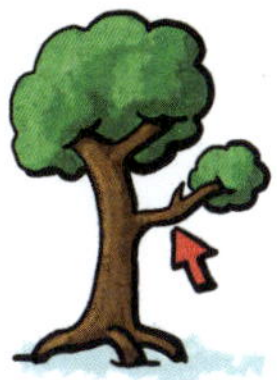

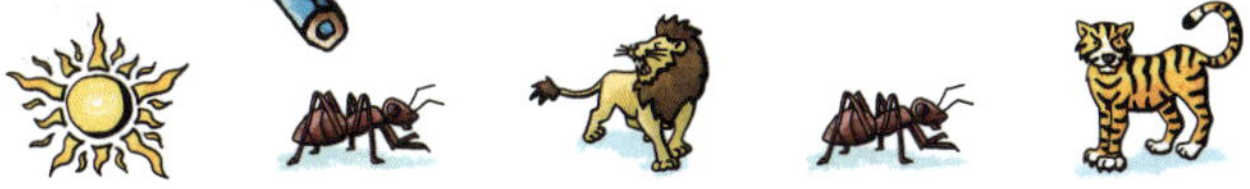

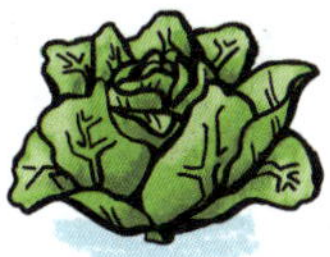

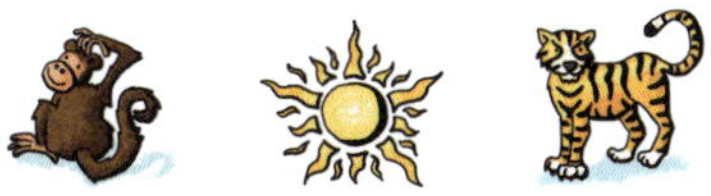

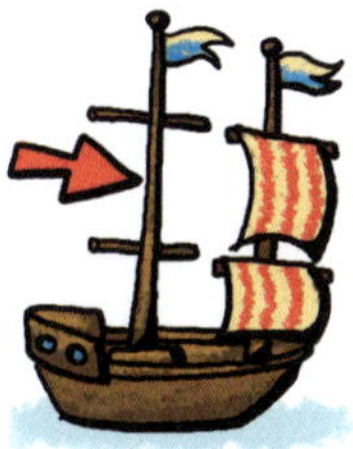

_ _ _ _ _ _

_ _ _

2

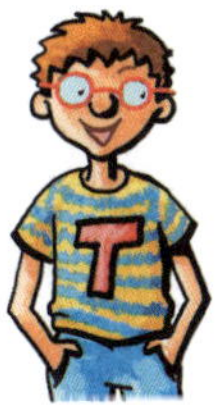

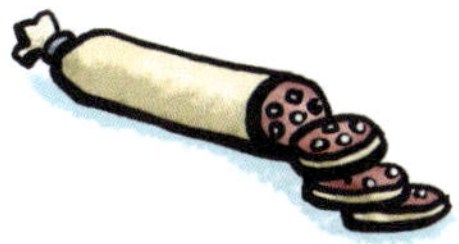

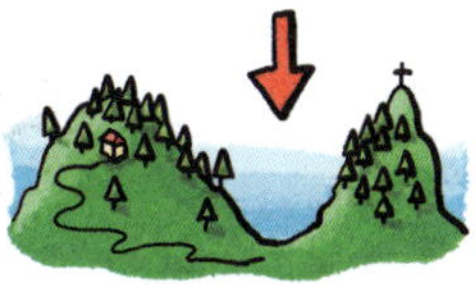

T _ im

Sa _ ami

_ al

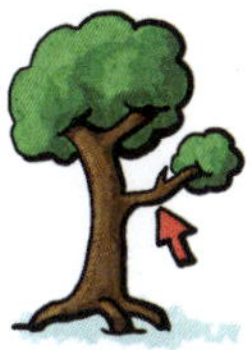

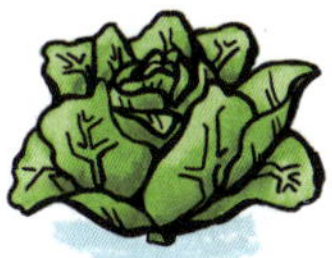

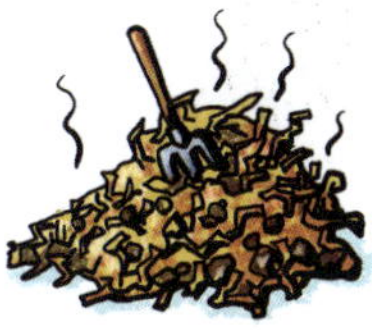

As _

Sal _ t

Mis _

T t

1

Lisa malt Oma. ○
Lisa malt Mama. ○

Tim ist mit Imo im Tal. ○
Tim ist mit Mama im Tal. ○

Lola ist alt. ○
Tim ist toll. ○

Tim isst Salami. ○
Tim isst Salat. ○

2

Salat

 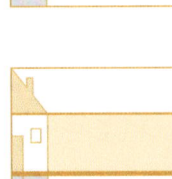

passende Sätze ankreuzen; Bildwörter verschriften